Desequilibrio

Desequilibrio
nombre masculino

1. El desajuste en ciertos parámetros que mantienen el equilibrio en un sistema

2. Estado de la persona que ha perdido el equilibrio o la estabilidad mental

todo lo que tengo en el pecho
relacionado contigo
está aquí dentro

nunca pensé que sería tan difícil
decirte las cosas
nunca pensé que algún día
llegaría a hacerlo
y mucho menos de esta manera

desde que te fuiste
te he echado de menos
todos los días
absolutamente todos
no ha faltado ninguno
te lo prometo

*hubo un momento de mi vida
en el que empecé a darme cuenta de que nunca sabes
cuando vas a ver a alguien por última vez
cuando será la última vez que puedas decirle algo a
alguien, todo aquello que siempre quisiste decir*

*la vida pasa demasiado deprisa entre las
preocupaciones, el trabajo, entre ese tiempo que
pasas pensando qué hacer o con quién, entre todo ese
tiempo en el que no eres feliz y le pones miedo y
excusas a todo aquello que siempre quisiste hacer,
ser y sentir*

*recuerdo cuando éramos niños, esa época tan libre
de nuestra vida donde estábamos cargados de sueños
y a pesar de los problemas en cada recreo
sonreíamos: el fútbol, el escondite, la comba, los
bailes..*

*la vida es un regalo, por eso aprendí que hay que
mirarla de la mejor manera posible a pesar de todo
lo que te pase
quise escribir todo esto porque nunca tuve el valor
de decirlo de otra manera. no tuve la voz, ni la fuerza
por eso todo esto
por si no volvemos a vernos nunca más
todas las cosas que siempre quise decirte
están aquí dentro*

apoyo

sé perfectamente que
si hubieras estado a mi lado
mi vida hubiese sido distinta
ya que hubieses puesto en mí
toda esa fuerza y confianza
que a veces me falta
y que tanto importa

aquí

llevo sin verte mucho tiempo
te cuento aquí, cómo son
todos mis días y mis noches
tú tienes que ver mucho en ellos
aunque pienses que aquí
ya no existes

daño

me acuerdo al principio
que difícil era todo
tan lejos de ti
pero mírame ahora
tan, yo
tan completo, tan suficiente

aunque es cierto que de vez en cuando
algunas cosas se echan de menos
por ejemplo
la paz después del sexo

pero todo es mejor así
uno muy lejos del otro
para no poder hacernos daño
nunca más

dear nynpho

puede que nos conozcamos tanto
que podamos terminar
sin ni siquiera tocarnos
solo con cerrar los ojos
y contarnos nuestras historias
como si nadie más pudiera escucharnos
como si nadie más pudiera entendernos

a lo mejor hemos encontrado
otra manera de estar juntos
que no tiene nada que ver con querernos
sino con la necesidad
es como algunas drogas supongo
que no quieres verlas ni en sueños
pero te agarran de la mano
te aprisionan
y te arrastran

aquí, el daño no existe
ya que antes de empezar
dejamos el corazón en la mesa
para empezar a llenarnos de insultos
de caricias y de golpes
todo tan diferente a la primera vez
en la que éramos tan inocentes
entre palabras bonitas

y míranos ahora

tan irreconocibles
tan parecidos
tan débiles el uno
sobre el otro

ahora somos como animales libres
aprendiendo distintos tipos de finales
en distintos lugares
en distintas pieles

pero algún día nos tocará volver a casa
volver a mirarnos a los ojos
y perderá el que termine primero
el primero que se rinda
supongo que será como un juego

decisiones

una de las decisiones más importantes de mi vida
fue enfrentarme a todo lo que me dolía
plantarle cara, mostrarlo, compartirlo
hacer que sea como un juego
que parezca que no duele, que parezca
que es divertido, que parezca hasta bonito
aunque en el fondo sea todo lo contrario

despedidas

hoy me despido de ti sin palabras
como un día ya lo hice de todas esas personas
que a lo mejor alguna vez
hubiese podido llegar a querer

cierro los ojos
porque ya no quiero verte
me tapo los oídos
porque ya no quiero escucharte
guardo las verdades dentro de la palma
y cierro los puños
para que nunca se me escapen

quiero que sepas
que ya no quiero nada de mí
en ti
ni siquiera todas las promesas que te hice
como habrás podido observar
yo tampoco las cumplo
eso es lo único que me llevo de ti
eso es lo único que me enseñaste tú

desvaríos

acuérdate de mí cuando te cases
acuérdate de mí pero no llores

(Cheb Rubën)

se nota que nunca has conocido la soledad
que nunca te han faltado los abrazos
y que a tu casa nunca ha llegado el frío

por eso somos tan distintos

yo que por tu felicidad hubiese pisado a todos
hubiese cortado las calles
para que paseásemos
solos
siempre
nosotros

dejé mi olor en tu cama
en el lado izquierdo
en el mío
y sé que todavía sigue ahí
aunque hayas cambiado de sábanas
de costumbres
incluso, de hombres

tu cama vuelve a oler a mí
cuando no sonríes lo suficientemente fuerte
cuando tu cara de placer
vuelve a ser también insuficiente
y empiezas a buscar la satisfacción
en todos nuestros recuerdos
desde mis palabras bonitas
hasta en el oído
sucios
los insultos

he dejado restos de mí
en todos los lugares de tu casa:
el tiempo en el sofá
mi corazón en la nevera
he bailado en los espejos de los baños
y he mirado con odio al reloj
cuando marcaba la hora de irse

es cierto que hay fotos que nunca se olvidan
porque a día de hoy
ya no tengo ninguna foto nuestra
pero si nos preguntásemos por nuestra foto
sabríamos perfectamente cuál sería la nuestra
aunque luego hiciésemos
como que no sabemos de cual hablamos
como si ocultando todo eso
que nos duele
no tener ya

se nota que a tu vida
no han llegado todavía los golpes
también que la lluvia
no te ha atravesado todavía la piel
y tampoco que nunca te han señalado con el dedo
por eso somos tan distintos.

porque todavía ves el amor en la inocencia
en lo bueno
y no en levantar montañas
ni en poner la cara por alguien.
porque lo de verdad no se ve
y a lo mejor a mí se me terminaron las caricias
y los buenos días
pero sería capaz de tirarme a los tiburones
si se trata de salvarte

algún día entenderás
todo lo que un día quise decirte
el por qué mis regalos eran tan distintos
el por qué mis gestos también
porque algún día ya no estaré
la vida me pondrá fin como a todos

y solo quedará:
un lago
un banco
y una agenda vacía

para que marques todos tus momentos felices

distancia

odio la distancia
cuando dos labios quieren tocarse
cuando solamente
quieres dormir a su lado
y no puedes

odio la distancia
cuando los días son fríos
y necesitamos nuestro calor
cuando también es invierno
dentro de la cama
por la soledad
la tristeza
etcétera

cocaína

ella es pura
a su lado todas las demás son corte
(Fer)

esta drogadicción
cuando tu piel
es una línea delgada y blanca

dulzura

ojalá pudiera
haber pasado la lengua
por todo tu cuerpo
por toda tu elegancia
y escupirte cada verdad en la boca
esa boca tan dulce
como un algodón de azúcar

épocas

ojalá nos hubiésemos conocido
en otra época
donde dos personas
luchaban por algo hasta el final
y se valoraba cada segundo
que pasabas cerca de alguien
que hacía sentirte totalmente diferente al resto

hubiese apostado por ti cada mañana
ya que con un simple abrazo
curaríamos todo el daño
que nos hubiésemos hecho

errores

tengo las manitas rotas
por no saber elegir

(Andreea G Irimia)

supongo que mi mayor error
fue darte todas esas cosas
que no necesitabas
así no valoraste el tiempo
ni las ganas
y no sabes cómo dolió eso
ni te imaginas el sentimiento de rotura
que me volvió tan frágil
y me acompañó todos esos días

ya lyublyu tebe

inmune a nada
casi todo me afecta demasiado
dos-mil remiendos en el corazón
con celofán

(Nova Mejías)

es cierto que he estado
muchas noches sin dormir
con la ventana abierta para que entre el aire
y se lleve todo lo que hay de ti

aquí
a veces vuelvo a soñar con tu piel blanca
es del mismo color que el vicio
que mata poco a poco
a los que se dejan atrapar
y nunca salen

y yo tampoco salgo
de ti
nunca salgo

porque cuando cierras los ojos
me atrapan las pestañas
es como una especie de cárcel
los barrotes
tus dedos
tus brazos

es cierto que he estado
muchas noches sin dormir
escuchando la lluvia golpear mi ventana
imaginándonos bailando fuera

muchas noches imaginando
cómo hubiese sido una tarde
un café
mientras el viento juega con tu pelo
mientras echamos
todos nuestros traumas de la infancia
fuera
y nos abrimos a la vida
como nos merecemos

importancia

aquí dentro
puedes ser tan grande
que eres capaz de hacer pequeño
a todo lo demás
a todo lo que creí un día
que me importaba

inquietudes

siempre quise saber
acerca de todo lo que te inquieta
sobre a qué le temes

me gustaría verte reír
más a menudo
pienso que es lo único
que mereces

quemaduras

a lo mejor
nunca llegaremos a entendernos
pero quiero que sepas
que por ti
pondría en el fuego
la cara y la piel

feliz

podría decirte que eres tan especial
que me acuerdo de ti hasta los viernes
cuando vuelvo a casa
y no se me ocurre otra cosa en la que pensar
a veces me imagino cómo hubiese sido
esa tarde que dijimos
cómo se te vería
cuando el sol te diese de frente
cómo sería
que el viento te moviese el pelo
la verdad pienso que ese hubiese sido
uno de los mejores días de mi vida
aunque no hubiese sexo
aunque no hubiese ni siquiera amor
solo con verte feliz delante de mí
me hubiese bastado
te lo prometo

hoy

hoy serían
otros buenos días para ti
pero solamente soy
una persona en silencio
que no deja de pensarte

hoy serían
abrazos por tu espalda
un beso en la frente
una mirada sincera
pero no hay nada
solo un invierno
totalmente desierto
y repleto de sueños

la tarea más fácil

quererte bien
despacio
y sencillo

obicham te

sé que tú también
has dibujado un mapa en el techo
y te has imaginado
una vida distinta a la tuya
esas noches en las que no puedes dormir
en las que te tiembla el corazón
y tienes enormes las pupilas

sabes reírte tan fuerte
que eres capaz de ocultar
todos tus miedos

el miedo a quedarte completamente sola
sin ayuda, sin refugio, sin apoyo, sin nadie

cada vez que das el portazo
a la puerta de casa
y huyes para no volver
odiando todo lo que hay dentro
la cara de tu padre
los gritos

sales a la calle sin abrigo y sin piel
vulnerable a todas las miradas
desesperada buscando otro hogar

pero tu risa
puede ocultar todo eso

por eso a lo mejor te aprecio tanto
porque aunque te falten las fuerzas
eres capaz de darme
incluso lo que no tienes
con la sencillez de un abrazo
siempre
sin pedirme nada a cambio

pena

que pena que yo
que pena que tú
que pena que la vida..

paisajes

tienes un paisaje en los ojos
en el que me pierdo siempre
y nunca me encuentro

adolescencia

suelo llevarte conmigo a todas partes
por dentro, donde nadie te ve
y en el vacío que queda
en el hueco que dejas entre mis dedos
aunque esta vez
he sido un poco egoísta
he pensado solo en mí
y te he dejado en casa
entre el polvo
el desorden
y la madera de la cama

me he dejado sacar una sonrisa por gente nueva
y me he sentido abrazado por los míos
a seiscientos kilómetros de distancia
muchas veces necesitamos salir
respirar otro aire
para darnos cuenta de muchas cosas
la importancia de valorar lo que uno tiene
y de intentar ser feliz
el mayor tiempo posible

-

siempre hay momentos en los que la vida
nos pone todo muy difícil, pero ahí es cuando más
tenemos que luchar por todos nuestros sueños
y sobre todo dejarnos apoyar por la gente
para superar las malas rachas

a lo mejor para llorar de tristeza y rabia no me
quedan lágrimas pero parece que para hacerlo de
felicidad
todavía me quedan muchas

ahora

y vuelvo al principio
cuando me doy cuenta
de que los finales son horribles
cierro los ojos y vuelvo
a mirarme en el mismo espejo
que me ha insultado tantas veces
y me muestro fuerte, cambiado
distinto
una versión de mí que ya no conoce
contigo pasa lo mismo
-
es ahora cuando empiezas a quererme

amistad

hubiese hecho cualquier cosa
por nuestra amistad
cuidar cada detalle
cuidar tu sonrisa

ojalá te hubieses dejado dar
todo lo que tenía para ofrecerte
porque creo
que en mis veintitrés años de vida
nunca había tenido
un sentimiento tan verdadero

la verdad
es que sin ti
a veces me siento solo
aunque nunca te lo dijese
fuiste una increíble compañía
aunque nunca te lo dijese
fuiste una increíble mujer

ayahuasca

nunca limpiabas los charcos
antes de irte a dormir
y al despertar
tu cama parecía un lago
una playa
llena de calor y asco

cuando te gusta que el principio
sea por el suelo
por la planta
y que todo se termine arriba
ensuciándote la boca
la cara
y el pelo

y dejarlo todo tal cual
como si te encantase vivir así
sin que nadie lo supiese
solamente yo
un secreto
bajo la lengua

sabes
sigo recordando la manera de quejarte
tan madura que tienes
tan especial
tan fuera de lo común

y mi cama de vez en cuando
vuelve a mancharse
vuelve al blanco
vuelve a ti

también
cuando lo recuerdo..

en cada rincón
de belleza

la vida nos ha separado
pero yo sigo buscándote
en cada momento bonito
del día

cambios

cuando estoy triste
por alguna causa
no relacionada contigo
vuelvo a pensar en ti
a sabiendas de que serías
la única persona capaz
de cambiarlo todo

ayahuasca (II)

aunque todavía
seas mucho más mayor que yo
por esa parte por la que te sobra experiencia
quiero que sepas
que ya puedo atarte las muñecas
vendarte los ojos
y taparte la boca

ya puedo muchas cosas
ya puedo ceder mi espalda para tus uñas
para la cera de las velas
para que muerdas
y golpees, también

estoy aprendiendo
a encontrar el placer
en la herida
nunca me apetecieron caricias tuyas
solamente el juego
las faltas de respeto
entre la sumisión
y el insulto

aunque todavía
seas mucho más mayor que yo
por esa parte por la que te sobra experiencia
quiero que sepas
que ya he aprendido a mezclar
placer y dolor
ya tengo el cuerpo preparado
mi corazón como siempre
se queda en casa
deja el tuyo también
por si acaso

cansancio

me cansé de ofrecerle
el alma y la piel
a quien nunca la quiso

caricias

a veces te quiero en mi cama
dándome la espalda
para que te la acaricie

otras sin embargo, no
porque cuando te marchas
te llevas todas las ganas que tengo
de darle algo bonito a alguien

solo me quedas

cuando todos se han ido
solo me quedas
como un paraguas debajo de la lluvia
cuando el mundo entero se moja
como unas manos cubriendo un pecho
cuando todos los corazones se calan

eres el último grito de ánimo
cuando estoy a punto de rendirme
y quizás por eso el más fuerte
el brazo que tira de mí
cuando no puedo con mi propio peso
cuando me siento tan inútil
tan solo
tan insuficiente

a lo mejor por eso
este poco amor
que me queda dentro
es tuyo

después de cada latigazo
después de cada pedrada
después de cada desprecio
después de cada rechazo
eres una ciudad en calma
que me invita a dormir
con unas manos preciosas
que me acarician por las noches

he vuelto a conocer la calma
entre las sábanas de tu cama
entre susurros
que alivian como el mar de fondo
el aire limpio después de la guerra
cuando las casas
vuelven a estar en pie
las calles se alegran
y vuelve la risa
detrás de los columpios

cura

puedes apoyarte aquí
cuando algo te destroce

estas manos
pueden curarte

Desequilibrio

sábado, 10 de Octubre, 2015

en todas las vidas hay cosas que se pierden
en cambio hay otras que dejamos ir, huimos de ellas
o cerramos los ojos en cada casualidad para no
verlas
a veces no hay respuestas al por qué y nos tenemos
que conformar con el lleno de una seriedad a lo lejos
que se cruza de vez en cuando
atardezco desde todos los lugares de todos los
inviernos sin sol
si atardecer es la acción de pedir la felicidad y larga
vida de alguien con la finalidad de que se cumpla
una vida llena de fuerza, alegría, salud y amor
viva yo o no, para verla

hoy, deseo
y tú, soplas

lejos

a pesar de todo
las ganas de quererte
nunca desaparecen
no sabes lo que hunde
que tus manos estén sobre las suyas
y no sobre las mías
no sabes lo que es hacerse la idea
de que lo único que puede hacerte feliz
en este momento
está tan lejos
tan imposible
y tan nunca

soledades

solo me apetece
hablar contigo
esos días
en los que no quiero
hablar con nadie

jaula

la jaula se ha vuelto pájaro
qué haré con el miedo

(A.Pizarnik)

tengo las persianas
bajadas hasta el fondo
los párpados hasta el suelo
porque no quiero ver a nadie
porque hoy no estás conmigo

no quiero verme tan triste
tan diferente a lo que quiero ser
rompo todos los espejos con el puño
y dejo la sangre en mis nudillos
hasta que se seque
nunca la limpio

no tenerte a mi lado
es un puñal en el pecho
un nudo en el estómago
y cien kilos en los hombros
el camino cada vez es más largo
cada vez más frío
más insomnio
más lluvia
cada vez veo menos el final
lo siento madre
no puedo salir de aquí

experiencias

una de las experiencias más bonitas
que puedes tener junto a alguien
es la de crecer, madurar juntos
y a la vez
nunca dejar de ser niños

placeres

todavía sigo
agarrando tan fuerte del pelo
y metiendo los dedos en la boca
imagínate
todos esos placeres que aprendí contigo
con todas esas mujeres
que ni siquiera son tú

lejanía

muchas veces me pregunto
por qué jugamos a alejarnos
con lo sencillo que es abrazarse
con la tranquilidad que se siente
al caminar al lado de alguien
a quien realmente quieres
con lo que llena una risa
con todo lo que se siente
al soñar despiertos

aún así nos puede el orgullo
e intentamos mirarnos
lo menos posible a los ojos
por si acaso nos delata algún silencio
o se nos cae alguna lágrima
recordando todo lo que fuimos
y lo lejos que estamos ahora
de volver a serlo

y supongo
que nos tocará vivir con esto siempre
y si, sigo hablando como si fuésemos uno
porque seguimos siendo
a pesar de estar
en vidas distintas

outro

> *la distancia es un veneno*
> *que me empuja hacia el abismo*
> *(Ihon)*

sé que tú también te acuerdas
de todas las veces
que quise darte sin tener
aunque ya supieras
ponerte las grapas tu sola
mirarte al espejo
y volver a ser fuerte
siempre estuve por si acaso
supongo que cuando aprecias a alguien
esas cosas salen solas
pero
en esa época era un niño
ahora por ti no lo volvería a hacer
o si, no sé

noches

las noches
se hacen eternas
cuando intento imaginarme
lo felices que hubiésemos sido
nosotros

génesis

dentro de mi vida
todo lo relacionado con la felicidad
empieza y termina
en ti

cuishle

ojalá nadie
tuviese que entender este sentimiento
ojalá ni mi peor enemigo
ojalá para nadie

(Aurora)

hasta tu cara de seriedad y desprecio
a lo mejor hasta eso
hasta tus ganas de pagarlo con alguien
a lo mejor hasta eso, también

tú que sabes pintar
los días de gris oscuro
y dejar a los pájaros sin paisaje
a la misma vez que pones un atardecer
en una vida triste
haciendo que sea un regalo
algo que se queda a vivir
en el interior de un pecho
vacío

yo he sido pájaro
y piel al mismo tiempo
quiero que lo sepas, también

la pared de mi cuarto
está llena de heridas
por la rabia, por los golpes
porque mis manos
desde hace mucho tiempo
ya no se rompen
ahora es el hormigón el que sufre

también quiero que lo sepas

me he pasado noches enteras
imaginando cómo sería
si te dejases poner tiritas
a todo lo que te duele
si te dejases curar los malos recuerdos
que sé que a veces te pinchan
te acorralan
y en silencio
también te golpean

a lo mejor eso te impide dejarte
hacer cosquillas en la cintura
como si yo buscando la felicidad
en un cuerpo ajeno
a lo mejor en el tuyo
antes que en el mío

está
mi corazón crudo encima de la mesa
junto con todas las verdades que nunca sabrás
porque el miedo
me pone una cremallera en los labios
un amarre en los gestos
y a la fuerza me cierra los ojos

Desequilibrio

recuerdo tu mano
encima de mi hombro derecho
como si dándome las gracias por ser yo
porque en el fondo tú también
me conoces un poco más
de lo que pienso

recuerdo tu mano
encima de mi hombro derecho
es delgada, es pequeña y es suave
pero aunque fuera todo lo contrario
querría agarrarla antes que cualquier otra
solamente porque es la tuya

me encanta ver cómo el mundo
se te va quedando pequeño
y puedas estar en varios lugares a la vez
incluso sin estarlo
aquí también tienes el tuyo
por si algún día quieres refugiarte de algo
y no sabes dónde esconderte
aquí tienes un abrigo
un tejado
y una tumba para los secretos

me encanta cuando
das las espalda en las fotos
esa actitud de plantarle cara al mundo
y de a la vez, sentirte tan libre
me encanta cuando
pones los codos sobre la mesa
y marcas un orden para llegar al triunfo
a lo mejor hasta eso, también

sabes..
yo pienso en las personas
según su grado de importancia
por eso tú
eres de lo primero al levantarme
y lo único
en las noches en las que no puedo dormir

a veces pienso
que no somos tan distintos
porque tú también echas de menos
tú también pierdes trenes
porque también tienes heridas
y conoces el silencio

por eso sé que me entiendes
sé que entiendes estas ganas
de no terminar de despedirme nunca
porque en el fondo quise quedarme
aunque me haya ido

y esta es la única manera que tengo
de enseñarte el corazón a distancia
de decirte que en días como este
también sale el sol dentro de mí
es cierto que todo empieza por una razón
y quiero que sepas
que la mía
solamente tiene que ver contigo

que me sentía en una cárcel
en la que la necesidad
se escapaba entre los barrotes
pero el abrazo
siempre se quedaba dentro
y no había ninguna forma de sacarlo
entonces a lo mejor por eso

quiero que lo sepas, también

—

simplemente hay personas que han marcado
un antes y un después en nuestras vidas
hoy: brindo por ti
por tu felicidad
por tu salud
y por tu larga vida

(martes, 10 de Octubre, 2017)

atardecer

cada vez que te miraba
todas las demás cosas dejaban de importar
era como si el mundo
se quedase para ti sola
como si de repente
todo se volviese silencio
todo tranquilidad
un atardecer
en el que el sol
se cae
despacio

andén

a veces pienso
si irás en el mismo tren que yo
si también miras hacia todos los lados
a ver si aparezco
algo así como si las casualidades existiesen
como si la vida
nos diese otra oportunidad
para mirarnos a los ojos
y nosotros como siempre
mirando hacia el suelo
y apretando los labios

haciendo como que no nos conocemos
haciendo como que no existimos

me cruzo con todas las personas
menos contigo
con todas las personas que un día creí
que quería, pero no
menos contigo

a lo mejor tú también eres de esas personas
pero con la única diferencia
de que tú puedes hacerme daño
y ellas no

tengo tus palabras
como heridas en la lengua
y a día de hoy
me sigo mirando al espejo
y haciéndome preguntas
a pesar del paso del tiempo
creo que todavía me odio un poco
aunque cada vez menos
ya casi nada
solo un grano de arena
solo una pizca
una letra minúscula

prefiero quedarme con la idea
de que éramos niños
y no supimos apreciarnos
supongo que eso será lo mejor para mí
también para ti
también para ambos
también para nosotros

volver

cuando recuerdo algo
relacionado contigo
me sale una sonrisa

es como volver a aquellos tiempos
por un momento
en los que pude tenerte cerca
dándote el respeto y el valor
que siempre mereciste

vida

ya sabes lo dura
que es a veces la vida
todos los problemas
que a todos nos rodean
hay días en los que me he sentido
realmente hundido
y pensar en ti
es lo único que me ha hecho
poder dormir con tranquilidad
poder volver a tener esperanza en las cosas
poder volver a sonreír
y deshacerme de estas preocupaciones
una vez más

virginidad

dicen que para todo
hay una primera vez
yo recuerdo
nuestra primera mirada
dentro de mi vientre
mis primeras cosquillas

una postal
Londres
y tú

que bonitos tus ojos
llenos de lágrimas
cuando lloras por tu padre

hay un camino largo
dentro de una postal
que duerme aquí, conmigo

a veces
veo el mar moviéndose de un lado a otro
y me pregunto si a ti te gusta el mar
si te gusta caminar sobre la arena
hasta que el agua empieza a cubrirte los pies
otras veces
te veo a ti siendo mar
cuando cierro los ojos
y mis pies te reconocen
reconocen tu baile lento
el frío del principio
después
es templada y suave
como para quedarse a vivir

hay un camino largo
dentro de una postal
que se despierta aquí, conmigo

a veces
desde mi ventana
veo una hilera de flores
firmes como soldados
y empiezo a recordar
tu gusto por las flores

otras veces
te veo a ti sola en medio del prado
con una melena bajando por los hombros
con un corazón tan amarillo
y tan azul

tengo un camino largo que enseñarte
y una postal para ti
el mar y las flores
podemos dejarlos para luego
sigo sentado en el mismo lugar
en el mismo café con leche enfrente del té
una canción de Sinatra suena de fondo
y además hoy es un día muy bonito
vístete rápido
ven
te espero

única

siempre quise decírtelo
mirándote a los ojos
con los míos llenos de lágrimas
que eres la única persona
por la que me he olvidado
de todas las cosas importantes
incluyéndome a mí
sobre todo a mí

tú

me está costando
darle cariño a la gente
después de ti
es como si te hubieses llevado
todo lo bueno de mi
contigo

a pesar del tiempo
que llevamos sin vernos
recuerdo mi forma de acariciarte
en la distancia
cada mañana

a pesar del tiempo
que llevamos sin vernos
siempre tendrás
la puerta de mi vida
abierta
por si algún día
quieres volver

mar

cada vez que nos cruzábamos
el mar
dentro de mí
volvía a sonar

me faltas

yo me busco por los suelos
por los que me caí
a ver si encuentro los pedazos
que me faltan
porque por más que intente hacerme la idea
de que estoy completo
me miro al espejo
y sé que me estoy mintiendo
-

siempre me faltas

moldavia

a veces salto por la ventana
y tú
con esos brazos tan delgados
me coges
tus brazos son fuertes y preciosos
me dejaría caer una y mil veces
no sabes el placer
el orgasmo
de saber que estás a punto de caer contra el suelo
y de que sea tu voluntad
quien salva

pues así me siento cada vez que estoy triste
y te pienso
sabes..

tengo en la espalda las heridas de mil personas
y todas se han curado menos la tuya
cuando está cicatrizando te miro a los ojos
en las fotos
y se vuelve a abrir
esta es mi manera de no dejar de sentirte
pero es un secreto
no se lo cuentes a nadie

puedes guardarlo dentro de una cajita
y cerrarla para siempre
no abrirla nunca
como aquella nota de clase
esas cosas que siempre salen solas
ya me conoces

sabes..
ahora empiezo a entender tus ganas
de pagarlo con alguien
¿te acuerdas?
ahora yo también ignoro
también hago el vacío
también desaparezco
también he aprendido a odiar

ya hemos dejado de ser niños pequeños
lo que siempre fuimos
ahora que somos mayores ya no nos conocemos
ya no queremos conocernos
ahora ya no me conoces
ya no sé querer de la misma manera
no sabes lo feliz que podría hacer a alguien si
solamente le diese
un cuarto de lo que te daría a ti
yo si lo sé
tú no lo sabes

a veces salto por la ventana
y tú
con esos brazos tan delgados
me coges
tus brazos son fuertes y preciosos
me dejaría caer una y mil veces
no sabes el parecido a la felicidad
el alivio
de saber que estás a punto de caer contra el suelo
y de que sea tu corazón
quien salva

pues así me siento cada vez que vuelvo a llorar a
escondidas
y te pienso

quiero que lo sepas
también

nadie

después de ti
no he vuelto a querer a nadie más
antes, tampoco

naturaleza

tienes la mirada
como un lago
y sus flores alrededor

aislamiento

la luz
es un lugar precioso para dormir
pero sin la sombra
todo es fiebre y quemadura

(Paula R Mederos)

llevo dos días sin salir de esta pequeña casa
en la que vivo
sin ti

cada dos horas pienso
en si estarás sonriendo ahora
y se me cae una lágrima
ojalá yo espectador
o culpable

a veces cierro los ojos
y fuerzo la imaginación para poder tenerte aquí
como siempre debería haber sido
conmigo
a salvo

pero cuando los abro vuelvo a sentirme solo
y despierto en un lugar
en el que quiero sentir que nadie me quiere
nadie que no seas tú
nada que no huela a ti

vivo

no te perdonaría nunca
que dejases de ser tú
porque me encantas doliéndome
y llenándome el cuerpo
de la rabia que te sobra

me haces sentir vivo
y no me imaginaría una vida sin ti
porque creo que eso es lo único
que me mataría completamente

recuerdo

eres lo único
que no termina nunca
cuando llego al final del camino
tu recuerdo sigue

rusia

tienes los ojos demasiado bonitos
como para estar tan triste
aún así siempre se me infla el corazón
cuando recuerdo cada momento
que estuve cerca de ti
y pude verte siendo tan tuya

sabes..

el tiempo pasa
y el aprecio no se marcha
es como ver crecer un árbol
y luego poder coger la fruta con las manos
como ver cómo solamente de semillas
sale un jardín lleno de flores
y hace la vida un poco más bonita
de lo que ya es teniéndote a ti
paseando por ella todos los días

y sé que sabes querer
aunque nunca lo demuestres
y sé que también sufres
aunque parezcas tan fuerte
debajo del pecho sé que tienes un paraíso
aunque nunca lo haya visto
aunque lo escondas
para que nadie pueda verlo

adoro de ti cada parte que no conozco
quizá porque me la imagino
de la mejor manera posible
aunque a lo mejor me esté equivocando
una vez más

sabes..

el tiempo pasa
y el aprecio no se marcha
estoy empezando a pensar
que va a ser para siempre
imagínate..
una persona como yo
toda la vida acordándose
de una persona como tú

sabes..

he visto tus ojos
en otros ojos
también he escuchado tu voz
saliendo de otros labios
en fin, he intentado buscarte
donde no estabas
echando de menos esa felicidad
que tuve tan cerca
pero que nunca fue mía

ahora mis días son normales
miro algunas fotos de vez en cuando
y sí, es cierto que el tiempo pasa
pero hay cosas que se quedan en el mismo sitio
las palabras, un abrazo y algún que otro lugar

la vida a veces nos hace regalos
que no nos esperamos
quizás te puso en mi camino
para hacerme más fuerte
para que aprendiese a mirarme
a mí mismo
como nunca lo harías tú
a pesar de todo
echo de menos esos mensajes
esperando una respuesta
con la misma mirada de siempre
y el corazón igual de abierto

-

supongo que todos empezamos a escribir por algo
y es cierto, yo lo hice solo para que me escuchases,
porque quizá se me hacían eternas las esperas y
necesitaba gritar todo lo que guardaba aquí dentro
y la verdad, no sé si pude conseguirlo, pero ahora
por lo menos me siento libre y orgulloso de mi mismo
de poder haber soltado todo esto y de haber
mantenido mi palabra por encima de todo a pesar de
los años

jägermeister

empiezo a verte donde no estás
al terminarse el jägermeister
empiezo a verte en estos ojos
color noche
color café solo
mientras en camas distintas
nos vamos haciendo mayores
sin saber nada el uno del otro
como enemigos que se dan la espalda
pero que en el fondo se quieren

en cada letra que escribo
me despido de ti cada día
ya que la vida es muy puta
y no sé cuándo será la última vez
que pueda hacerlo
así que aprovecho
porque tengo miedo de que algún día
todo se termine
o de que empieces a dejar de ser la misma
y no te conozca

vuelve

hoy no ha sido un gran día
los días en los que no estás
no suelen ser grandes días
son días apagados
grises
simplemente son días sin ti

tú
haces que todas estas calles
por las que paseo
estén alegres
tú
haces sonreír
a las personas
con las que te cruzas
tú
haces que las flores
muestren su mejor cara
y que el sol vuelva a salir

echo de menos
los días soleados
los jardines
el buen tiempo
y las buenas costumbres

quiero volver a ver
la ciudad llena de gente
quiero que todo sea como antes
como cuando éramos niños
te acuerdas..
solo tú
puedes traer de vuelta todo eso
porque tú, lo eres todo
por favor
vuelve

tristeza

hay un lado de mi corazón
donde jamás podrá llegar
ninguna luz

(Alex I.)

ha pasado tanto tiempo
que ahora me veo tan feliz
en nuestras fotos antiguas
y no me reconozco
no sabes lo triste que es eso
para mí
te lo prometo

verano

tenerte al lado
sería estar siempre
con el verano cerca

eres ese momento
en el que el sol
se esconde tras las montañas
el primer baño en la playa
esa felicidad
que te agarra de la mano
y siempre te salva

solamente nuestros

> *cuando se abre la puerta de la calle,*
> *la nevera adivina lo que supo mi cuerpo*
> *y sugiere otros títulos para este poema:*
> *completamente tú,*
> *mañana de regreso, el buen amor,*
> *la buena compañía.*
>
> *(Luis García Montero)*

es cierto que pocas veces
hablo de los momentos felices
quizá porque solamente escribo
para quitarme de encima lo que pesa
lo que me impide reírme tan fuerte
como creo que sé hacerlo
pero sabes..

me encantan tus palabras
cerca de mis labios
tus ojos comiéndose los míos
ese momento de soledad tan nuestra
en el que solamente nuestros
en el que nos tocamos sin tocarnos
en el que somos arte
y somos música

a veces las palabras no son suficientes
entonces nos dejamos las ganas y el aliento
hasta llegar al sudor
hasta llegar al cansancio
hasta llegar al punto en el que
solamente nuestros

ahí es donde te veo tan feliz
entre estos brazos
ahí es donde se esconden mis ganas
de no querer irme nunca

solo tú

siempre serás la única persona
capaz de revivir
todo lo que dentro de mí
ha muerto

solo a ti

te perdono
todas las heridas que has abierto
y todas las noches
que me has dejado sin dormir

tan simple

es increíble
como cosas tan sencillas
pueden cambiar
tu estado de ánimo

toda mi vida

todos los días
te recuerdo

el tiempo
corre hacia delante
pero tú, sigues aquí
en el lugar de siempre
en casa
conmigo

todavía

hoy te vuelves a tapar la sonrisa y la boca
hoy vuelves a callar todos tus miedos
mientras yo te imagino tan sola
riéndote en público
y a la vez con las manos llenas de culpa
como todos los que sufren

todavía no conozco
todos los secretos del invierno
pero si la sequedad en las manos
pero si la aguja en los pulmones
todavía no conozco
toda la verdad que vive en tus ojos
pero si el vacío
pero si la insuficiencia
pero si el insomnio

quizá esté lleno de miedo
ese miedo tan simple
como perderse a sí mismo
como perder el ánimo
como perder las ganas
de volver a cruzarme contigo
y sentir que hay un muro
que te impide verme

que puedo llegar a ser tan pequeño
que puedo llegar a ser tan poco
que puedo llegar a ser tan invisible

Desequilibrio

a veces no hay palabras para definir un sentimiento,
simplemente es algo que está ahí dentro y hace que te
sientas lleno
es una sensación increíble tener las ganas de hacer
feliz a alguien sin esperar nada a cambio
yo una vez tuve las ganas, tuve las fuerzas y pude ser
capaz de todo para poner la felicidad en unos ojos
que no eran los míos, aprendí que llena mucho más
dar que recibir sobre todo cuando lo haces con el
corazón en la mano
el amor y la amistad con el paso del tiempo pierden
fuerza o se terminan y sinceramente me alegro de no
haber sentido nunca nada de eso, sino algo
totalmente distinto que todavía no entiendo
a lo mejor por eso todavía me acuerdo
a lo mejor por eso aún llevo puesto tu abrazo
a lo mejor por eso

pero nunca así

te van a querer más
menos
mejor
pero nunca así
de esta manera
tan rebelde y tan profunda

como el mar
solamente vas a poder ver la superficie
la sonrisa, la lágrima
pero nunca
todo los sentimientos tan fuertes
que guardo aquí dentro
en el fondo
donde uno se ahoga
donde a uno se le termina el aire
donde uno realmente muere
por una causa
por una herida
por la piel de alguien

sexo

mirarte a los ojos
escupirte en los labios

numb

i think finally
found a way to forgive myself

(xxxtentacion)

y todavía me pido perdón a mí mismo
por los ojos tan abiertos por las noches
por esas ya ni lágrimas
que ni salen porque no quedan
porque no merecen
porque se han agotado
y ya no existen

las caricias que me quedaban para ti
me las he guardado para no dárselas a nadie

y en mi habitación tengo la ropa sucia
tirada por el suelo
las ojeras por los suelos
y todas las ganas
de hacerte llorar de felicidad
también por los suelos
porque cuando nos cruzábamos en la escuela
y era totalmente invisible para ti
al llegar a casa lleno de rabia
me quitaba lo que llevaba puesto
y lo lanzaba hacia el suelo
como si así me quitase poquito a poco
todas esas partes de mí que no querías ver

y ahí siguen
por mi miedo a recogerlas
ahí siguen por mi miedo
a que la historia se repita:
ser algo insignificante para una persona
a la que de verdad aprecias

desde entonces no volví a ser el mismo:
ya no hago llamadas inesperadas
ya no intento perderme en los ojos de nadie
ya no intento caminar al lado de alguien
cada día siento menos y me da pena
perder la gracia
perder ese pequeño cosquilleo en la tripa..

ahora solo me queda
pedirme perdón a mí mismo
porque sin darme cuenta
la persona tan llena de vida que era
se ha perdido
y créeme que me echo de menos
cuando mi madre me pregunta
qué me pasa
y no puedo responderla
cuando yo también
me hago la misma pregunta
y no puedo responderme

siempre

te llevo por dentro
ese peso en la parte izquierda
que muchas veces me cuesta llevar
saco las fuerzas
de donde no las tengo para hacerlo
porque te quiero siempre en mi vida
formas parte de ella
de este camino
de todo lo que soy ahora

ojalá
todos los días

volver a verte
sería como cuando
el primer rayo de sol
entra por mi ventana
la primera sonrisa del día
el comienzo de una nueva vida

a green heart

(Leiva-Sincericidio)

tengo una molestia dentro del cuerpo
cuando me hago la idea
de que nunca nos tocará
ser felices a nosotros
y no me deja dormir en paz
aunque la única culpable
hayas sido tú
de esta distancia entre los dos
en la que hace frío
estamos solos
y no para de llover

me acuerdo de ti
en cada corazón verde
en cada parque
en cada canción de Leiva
y sigo odiando tu pudor
tus piernas cerradas
como también cuando me miras
de esa forma
sin querer hacerlo
poniéndome esos ojos tan grandes encima
que me intimidan
y me comen

eres un cactus
que te llena la mano de sangre
si lo acaricias
por eso a lo mejor no me dejas hacerlo
porque te gustan mucho mis manos
tan masculinas
y tan a juego con las tuyas

a lo mejor estás llena de miedo
igual que yo
pero intentas esconderlo
y hacer como que no sientes
ni las palabras bonitas
ni los abandonos
ni los golpes
a lo mejor tú también lloras sola
por todas las cosas que has perdido
y no se lo cuentas a nadie
haciéndome creer que eres más fuerte que yo
pero en realidad es mentira

para terminar:
me encanta la curva de tu labio de arriba
me encantan tus reverencias
me encanta cuando intentas bailar y no sabes
me encanta tu vestido gris,
tus fotos de pequeña
me encanta cuando estás detrás del piano
y delante de una cámara
porque creo que veo lo que muchos no pueden ver

a lo mejor me he equivocado
en todo lo que he escrito
pero soy así
me encanta describir el mundo
a mi manera

lo siento

confianza

si nunca me hubiera roto
por algo parecido a ti
ahora mismo te miraría
con la confianza
que hace tiempo se llevaron

compartir

sobre todo
cuando llegan
los buenos momentos de mi vida
te echo más en falta
no sabes las ganas inmensas
que siempre he tenido
de compartir todas mis sonrisas
contigo

arte

se me cerraron todas las heridas
menos la tuya
menos mal que aprendí a caminar
con medio cuerpo abierto
el corazón por fuera
como si todo esto
fuese una especie de museo
una especie de espectáculo

nosotros 13;4-8

el amor es paciente, es bondadoso
el amor no es envidioso
ni jactancioso ni orgulloso
no se comporta con rudeza, no es egoísta,
no se enoja fácilmente, no guarda rencor
el amor no se deleita en la maldad
sino que se regocija con la verdad
todo lo disculpa, todo lo cree
todo lo espera, todo lo soporta

(Corintios 13;4-8)

quiero que sepas
que yo quise ser el único
que quise ser el primero
y también quise ser el último

yo que siempre te miré por lo de dentro
y nunca por lo de fuera
yo que pude ver en ti
lo que nadie más veía

como los ciegos
que aprenden a leer por el tacto
y encuentran la belleza en las palabras
yo la vi en la paz
tras terminar las horas de sexo
y en los latidos en tu pecho
al dormir juntos

todavía nos acordamos de la ropa
del primer día que nos vimos
cuando pensábamos que el sexo
era bonito e inocente
cuando todavía creíamos en el amor

y mira cómo pasa el tiempo
ahora intentas olvidarme
en todas las camas posibles
como si tus gemidos pesasen más
que todo el silencio que compartimos
más que todas esas cosas
que solo tú y yo sabemos
y quiero decirte
que ese es el peor camino
que a las personas importantes
solamente te las va a quitar el tiempo
que no funciona ni el rencor
ni el odio
ni los refranes sobre clavos

todavía tengo
cada golpe tuyo en el pómulo
por dejarte sola ante el casi cáncer
por dejarte sola antes del entierro
y créeme que me pincha la culpa
cuando bajo por tu calle
cuando recuerdo nuestras despedidas
se me cae la mirada
y no quiero hablar con nadie

fuiste un día de verano
después de mucho frío
y el primer abrazo
después de los gritos

a veces sueño
con que estás tarareando mi canción favorita
a un bebé con mis mismos ojos
a veces sueño
con que acaricio tu tripa
llena sueños y de vida
a veces sueño que somos más de dos

pero luego me despierto
y veo como las personas
podemos destrozar ciudades tan bonitas
con orgullo y con mentiras
después de lo difícil que es construirlas
con nuestras propias manos

tengo guardada
la mirada limpia de tu padre
el casi aprecio y el casi respeto
en el rincón de cosas que no olvido
junto con tus caricias
cuando el alcohol me salía por los ojos
por la piel
y por el odio

tengo también guardados tus mensajes
en el rincón de cosas que no olvido
en los que el amor se te quedaba pequeño
y eras la mejor en eso de quererme
hasta el punto en el que ambos
creímos que subirse a un altar
sería tan fácil

sigo sin querer
los besos que les diste a todos

(*Adrián Koslov*)

ahora eres una persona distinta
veo como la ternura se va
al igual que los kilos
a la vez que crece la locura
y la autocomplacencia
ahora ya no eres lo que un día quise
aunque nunca lo supieses
porque siempre callé
por el miedo a esto
a que dejases de ser tú
para dejar de hacerte daño a ti misma
y empezar a hacérmelo a mí
a sabiendas
de que no te quería perder nunca

todas las historias se terminan
pero siempre nos llevamos algo
que nos va a acompañar para siempre
algo que va a formar parte de nosotros

yo de esta:
un beso en la frente
unas manos agarradas las mías
un regalo inesperado
un casi hijo
una casi vida

a lo mejor
mañana

cuando me muera
me llenaría el alma
que fueses tú
la que escribiese algo sobre mí
con la sensación
de que nunca lo llegaré a leer
que cuentes todas esas cosas
que siempre quisiste decirme
y las dejes ahí para siempre
como estoy haciendo yo contigo
toda esta vida

finales

llegué a pensar que ibas a ser
una pieza esencial en mi vida

y mira como terminó todo
tan desastre
tan como siempre

paraíso

despertarnos
y clavarnos la mirada
dormir desnudos
en invierno y en verano

manual de instrucciones

necesito pautas
para poder llenar tus partes vacías
yo que sigo sin entender
tu poca empatía
tu poco tacto
y tu poca vergüenza

ahora comprendo por qué
nadie te agarra de las manos
por el miedo a la herida
por el miedo al pinchazo

dicen que más vale prevenir que curar
por eso esta distancia tan bonita
que voy a dejar entre los dos
que será como un desierto
como un día triste
o quizás como un pozo
en el que no se escucha el eco
cuando gritas

en realidad solamente
quería abrir la puerta
que nadie había abierto
tocarla con la lengua y los dedos
y ver tu cara de satisfacción después del acto

en fin
necesitaba pautas
para llenar tus partes vacías
esas que tapabas
con el pelo tan largo y la sonrisa tan grande
pero ahora ya no las quiero
ya que voy a escaparme corriendo
de esos ojos tan puros, tan verdes
índica, sativa
absenta

quiero que sepas
que nunca voy a borrar tus fotos
para no dejar de sentir los vuelcos
ni tampoco los orgasmos
para que el día que te olvide
te encuentre sin querer entre el polvo
y empiece a caminar hacia atrás
recordando el por qué el principio
y el por qué el final

tengo un manual de instrucciones para ti
por si decides buscarme
buscarme entre las letras
buscarme entre la rabia
buscarme entre las copas de más
cuando los días se apagan
 y toca volver a casa

aquí te lo dejo por si nos cruzamos
por si por accidente
por si casualidad:

1. - intenta ver mucho más de lo que te enseño
2. - cada vez que busque un pequeño momento de
emoción, no lo rompas, puede ser muy especial para
mí. aunque tú no lo entiendas
3. - valora el tiempo que se te dedica, observa,
agradece
4. - si de verdad te importa algo, demuéstralo
si no, también
5. - di lo que sientes, no te lo guardes
6. - piensa las cosas antes de decirlas, sé empática
conmigo, ponte en mi lugar a veces
7. - no tengas miedo a nada, mucho menos a este
corazón tan frágil

perder

se me parte el alma
al veros juntos
pero tu felicidad
es lo único que importa

Ikeli O'farrell

hubieras sido mi ciudad favorita
no pararía de pasear
por tus calles

Desequilibrio

hay personas que cuando pasan por nuestra vida
aparte de dejarnos marca, nos enseñan bastantes
cosas
aprendí que nunca sabes cuándo va a ser la última
vez que veas a alguien, cuándo va a ser la última vez
que puedas decirle algo a las personas que te
importan, con las que tienes un pequeño recuerdo
aunque sea solo uno
creo que una de las cosas que más me dolería
sería que una persona se fuese sin saber todo lo que
quiero decirle, o que por otro lado me fuese yo
llevándome todo el silencio
la vida siempre nos sorprende a todos
y al igual que bonita es muy trágica
quizá por ese miedo empecé a hacer todo esto
quizá por eso

nuestro

ojalá el mundo
fuera solo para nosotros
que no nos quedase
otra cosa que hacer
nada más que querernos

esta sería la definición
más parecida de la felicidad
que conozco
pero que sepas
que todas las demás
también tienen que ver contigo

realidad

por muy bonito
que intentemos imaginarnos todo
la vida por dentro
siempre será una guerra

un atardecer, Madrid
y nosotros

sé lo mucho que te encantan
las tardes por Madrid
y tú sabes lo que me encanta
cuando la luz del sol te aclara los ojos
cuando el viento te acaricia el pelo
y me miras

agarrarte de la mano
mientras me termino la copa
y contarte todos los planes de vida
que hubiese tenido contigo
solo contigo
con nadie más

cuando me preguntan por la felicidad
creo que es
estar cerca de todo lo que quieres
cerca de tu manera de ser
cerca de lo bien que hueles
y de lo suave que tienes la piel

cuando cae la tarde
y el alcohol hace su papel
empiezan las palabras sinceras
el 'te he echado de menos'
todos y cada uno de los días de mi vida
en los que estuviste lejos
en los que no estuviste aquí
a mi lado
en el sitio que te he hecho
solo a ti

después toca la vuelta a casa
los abrazos tan fuertes
el soltarte las manos
y el beso en la frente
como si no volviéramos a vernos
nunca más

pero esto solo es otro de mis sueños
ojalá algún día
ojalá nunca se nos haga tarde
hace ya más de dos años
que no te veo

a veces
a ti

a veces te necesito
cuando vuelvo a no entenderme
y solo tú
puedes hacerme volver a la normalidad
volver a mí
cuando discuto con alguien
cuando todo se estropea
cuando empiezo a arder
y no me reconozco en ningún espejo

a veces me puede la rabia
y digo y hago cosas que no quiero
cosas que no van conmigo
cosas que no me pertenecen
ahí, es cuando a veces te necesito
porque desde lejos puedes agarrarme
fuerte las dos manos
mirarme a los dos ojos
cerrarme los labios

solo tú puedes hacer eso
por eso en mi vida
siempre estarás por encima
de cualquier mujer
sinceramente todo lo demás
no me importa
para nada
en absoluto

tú solo cálmame
la rabia
con el dolor
ya puedo
yo solo

1/2

estar sin verte
es como si me faltase la mitad
de mí
ya que he perdido
demasiadas cosas en la vida
y solo tú
eras capaz de reemplazarlas todas

magia

echo de menos
la magia que tienes
para hacer que todos mis problemas
desaparezcan
con un simple mensaje

una espalda
y diez golpes

fui capaz
de poner mi espalda por delante
solo para que no golpeasen la tuya
y mírala ahora.
tan poco bonita
tan poco suave
tan poco a tu gusto

siempre me pregunté
si te asomarías alguna vez aquí dentro
para poder ver que las apariencias
casi siempre engañan
para darte cuenta que estos sentimientos
también abrazan

y yo que hubiese compartido
cada segundo de mi tiempo
caminando a la par tuya
por si por casualidad tu caída
después del tropiezo
por si por casualidad tu herida
después del golpe
por si por casualidad
la tristeza en el camino
y yo con ella a patadas
solo por tus ojos llenos de vida
solo por tu risa
escapándose a la fuerza

siempre me pregunté
si alguna vez te sentarías a escucharme
hablar sobre ti
quizá para empezar a entender
por qué me desnudo tantas pocas veces
quizá para entender
por qué hay tanto silencio
cuando estamos cerca
a pesar del ruido
o quizá para entender simplemente por qué
así, a secas

nunca

siempre quise ser feliz
agarrándote fuerte de la mano
es cierto que aunque no estés aquí
también puedo serlo

pero ya sabes cómo son las cosas
no todo sale siempre como uno quiere
y por mucho que te necesite
ya he conseguido asimilar
que nunca estarás en mis brazos

corazón

creo que lo que tengo
aquí dentro
es inmenso
por eso prefiero guardármelo
para mí
antes que ponerlo en las manos
de otra persona
que no seas tú

después

hoy después de mucho tiempo
he vuelto a sentir
el dolor
la puñalada
y el cuchillo

podría jugarme la vida
a que si desaparecieses mañana
yo sangraría más que él
te echaría de menos más que él
y por supuesto
también lloraría más que él

distancia

odio la distancia
cuando dos labios quieren tocarse
cuando solamente
quieres dormir a su lado
y no puedes

odio la distancia
cuando los días son fríos
y necesitamos nuestro calor
cuando también es invierno
dentro de la cama
por la soledad
la tristeza
etcétera

silencio

el silencio
no me gusta tanto
si no es contigo
adoro la ciudad, la música
y el ruido de los coches
ya que me recuerdan a esos días
de fotos y paseos
en los que éramos nosotros
y no lo que somos ahora

a veces
las noches se hacen eternas
las horas pasan cada vez más lentas
y el sueño, como de costumbre
nunca llega
y sin hacerlo
le pone tu nombre a cada ojera
le pone tu nombre a cada herida
a cada esquina
a cada pasado mejor que este presente
le pone tu nombre a esta sonrisa a medias
que a veces se me escapa
gracias a ti
o por tu culpa

todos los días sin ti son iguales
una lluvia por dentro
y todas esas cosas que ya sabes
todo es distinto
y mi piel tiene un frío
contigo tan lejos
que ni te imaginas
o a lo mejor si
no sé
en fin
te echo de menos

felicidad

me pude ver feliz en tus ojos
solamente he conseguido hacerlo
en los tuyos

hoy

hoy serían
otros buenos días para ti
pero solamente soy
una persona en silencio
que no deja de pensarte

hoy serían
abrazos por tu espalda
un beso en la frente
una mirada sincera
pero no hay nada
solo un invierno
totalmente desierto
y repleto de sueños

la vida

la vida puede ser
un martirio, o un regalo
depende de con quien
la compartas

lleno

el resultado de perder
tantas cosas en la vida
me ha dejado un hueco muy grande
en el corazón
y solamente tú
con estar cerca de mí
eres capaz de llenarlo

lucha

yo hubiese luchado
hasta donde no te imaginas
pero pienso
que eso es lo mínimo
que una persona puede hacer
cuando quiere algo de verdad

necesidad

si supieras lo que cuesta
tragarse las palabras
y cerrar los labios
cuando solo quieres
gritarle a esa persona
todo lo que la necesitas

para ti

dicen que la vida
es un regalo
por eso siempre quise
poner un poquito de la mía
en tus manos

pérdidas

me duelen más
las cosas que no hice
que las que he hecho
promesas rotas
noches de techno..

(Adrián Koslov)

y otra vez
he vuelto a escribir
sobre ti
como cada día
como de costumbre

esa costumbre
que es lo más cerca
que puedo estar
de agarrarte las dos manos
de ser un silencio incómodo
lleno de ganas de cariño
que nunca llega a darse
y se pierde

como todas las palabras
que trago y se pierden
como todos los abrazos
que no te doy
y se pierden

perdón

dentro del amor
con todas las personas
que no son tú
siempre he terminado en el odio
quizás porque a ti ya te he perdonado
incluso el daño
que todavía no me has hecho

luz

tienes la capacidad
de hacerme sentir especial
incluso sin querer hacerlo
apenas sin darte cuenta de que lo haces
ojalá supieras
cómo sonrío a escondidas
ojalá supieras
lo lleno que siempre me siento

interiores

*(Frank-
Amy Winehouse)*

siempre te digo
que lo que llevas dentro
pesa más que tu bonita sencillez
por eso tengo tanto cuidado
cada vez que me entregas esa pequeña parte
que sé que compartes con pocos
por no decir con casi nadie
no me perdonaría nunca
romper un pequeño cacho de ti

realidad

me hace feliz que tengas un pecho
en el que poder apoyarte
al dormir

que nunca sea capaz de hacerte daño
y te mire quizás
como me hubiera gustado
hacerlo a mí

la verdad que con todas las cosas malas
que ocurren en el mundo
me hace feliz que estés a salvo
a salvo de la injusticia
a salvo de la violencia
a salvo de todas esas cosas que nadie merece

pienso que cuando de verdad aprecias a alguien
lo que menos se puede ser es egoísta
por lo tanto, me alegra
aunque a veces
no me deje dormir y me siga doliendo
aunque a veces
cuando mi corazón se está reconstruyendo
me acuerde del primer día que nos conocimos
y se vuelva a romper

lucifer

(Ma time-
Nathy Peluso)

tienes los ojos del color
de todo aquello que no es triste
que no es hambre
ni violencia
en ellos veo todo lo que necesito
en ellos puedo verme
a mí

eres la paz
que me hace falta
para calmar la guerra
las palabras de ánimo en las caídas
el alcohol en la piel
cuando las heridas no se curan
dejando marcas horribles

ojalá esta casualidad
hubiese sido en otro momento
en otro estado de ánimo
porque eres todo
lo que una persona quisiera
quisiera tener a su lado
por lo menos a mí
contigo me basta
te lo prometo

lluvia

tengo alguna lágrima guardada
para cuando me despida
para siempre
de ti

empatía

siempre he dado
más de lo que he recibido
muchas de las veces
ni siquiera he recibido
todas tuyas
todas a ti

alegría

hay días
en los que lo veo todo negro
y tú, con tu sonrisa
me alumbras

тут, назавжди

> *we only said goodbye with words*
> *i died a hundred times*
> *you go back to her*
> *and i go back to*
> *i go back to us*
>
> *(Amy Winehouse)*

todavía me acuerdo del día
que hablamos por primera vez
sinceramente, nunca pensé
que llegaría a sentir algo semejante
por alguien

es extraño, no sabría cómo explicarlo
ni siquiera he encontrado
las palabras adecuadas para definirlo

cada vez que veo una foto tuya
todos mis problemas desaparecen
todos esos enfados
ataques de ira
envidias, celos
tristeza, miedos
desaparecen
es como si solo tuviera ganas
de abrazar, de sonreír, de contar..
la verdad que despiertas eso de mí
que yo ni conocía
sin querer hacerlo
solo con el simple hecho
de ser

a veces me despierto
y quiero llamarte
escuchar tu voz
que me cuentes
qué tal te va la vida
después de tanto..
no sabes la cantidad de veces
que he soñado
con pasar un pequeño momento
contigo
simplemente un paseo
ver como atardece
algo simple

dicen que la felicidad
está en las cosas simples
sabes..
me encanta no parar de sentir
no sabes lo lleno que me siento queriendo
no sabes la vida
que tengo dentro

si llegas a leer esto
solo te deseo que algún día
sientas por alguien
toda esta cantidad de cosas
que siento por ti
porque a veces podrá lastimar, podrá doler..
pero el amor es algo maravilloso
es como sentir
que no te puedes morir nunca

esto
quiero que lo sepas
también

Desequilibrio
Por: David Ramiro Coca

*siempre me ha sido difícil explicarme, explicar las
cosas como yo quiero que las entiendan
hasta el punto de casi siempre dejar a medias la
historia y quedarme con un "yo me entiendo"*

*dejé de tratar a mi entorno de la misma manera que
antes cuando empecé a tratarme a mí mismo de
diferente manera*

*supongo que se basa un poco en lo que te exiges
como persona, en cómo te gestiones el bucle
en el que estés
hay que estar bien jodido, para terminar pidiendo
ayuda si no puedes salir de él*

por lo menos para mí es así

*a algunos les falta en su vida lo que yo no he sabido
cuidar
cómo voy a exigirme si no me cuido ni yo..*

*las carencias que he tenido no son las mismas de
ahora
-menos mal*

si no seguiría en el mismo bucle de siempre..

(estoy desubicado
no me encuentro, no me hables
pero estate cerca)

> "nublado
> en un vaivén
> descarrilado el tren
> ven sangre en la pared
> un grito y una lágrima a la vez"

basta ver la primera lágrima
para saber que algo no va bien

realmente no necesito tu evaluación o tu opinión
para aclarar la mía

si es cierto que la gente que tienes cerca
debería ser la que te aporta
pero no siempre es así

no justifico nada
no me arrepiento de nada
siempre he querido que hubiese un equilibrio
aunque fuese imposible mantenerlo constante

si me quise
fue gracias a ti

yo me entiendo..

Desequilibrio

a vosotros:

dentro de estas páginas quizá esté
una de las historias más importantes de mi vida

ahora, justo en este momento me quito un trozo
de lo que llevo dentro y os lo voy a dar a cada uno
de vosotros, a cada una de las personas
que me habéis acompañado en esta historia
a cada una de las personas que le habéis dado un
valor especial a esto
a cada una de las personas que ha llorado conmigo
que se ha sentido de la misma manera que yo
que ha dedicado su tiempo a escribirme
a mandarme un saludo, un abrazo, una bendición,
una sonrisa

a todos los que han compartido cada palabra mía,
a los que me lleváis en la piel, a los que me tenéis en
las manos, a los que me sabéis de memoria, a los que
estáis al otro lado de la pantalla..

*quería deciros que en la vida hay muchísimos motivos
para ser felices aunque a veces parezca que la
felicidad esté muy lejos, hay muchos motivos para
seguir adelante sea cual sea la causa de nuestra
tristeza*

*hoy dejo atrás todo lo que un día no me dejó dormir
en paz, todo lo que un día me dolió, todo lo que un
día me hizo ser una persona que no quise ser, todo lo
que me hizo dejar de quererme, dejar de darme valor
todo lo que no me dejó vivir como se debe vivir*

*quería deciros que se puede querer a alguien toda la
vida y a la vez dejarle atrás, que se puede recordar
todos los días a esa persona y a la vez ser
independiente*

*hoy, voy a empezar un nuevo ciclo y todo mi pasado
se va a quedar en este libro. cuando necesitéis salir
de algún sitio en el que estéis atrapados, recordad
que no pasa nada, que no se pierde nada
simplemente se empieza de nuevo
una nueva historia
una nueva vida*

gracias a todos

*Desequilibrio,
Ikeli O'farrell, 2018*

170

Desequilibrio

a ti:

miércoles 10 de Octubre, 2018

quiero que sepas
que hice todo esto porque nunca supe cómo hablar
contigo, nunca pensé que dolería tanto
escribir lo que no fuimos
todas esas cosas que siempre quise hacer a tu lado

las cosas más simples
como preguntarnos qué tal el día, por ejemplo
ir a comprar, o mandarnos notas de audio
y poder escuchar tu voz al otro lado

dicen que la felicidad está en la cosas más pequeñas
en todo eso que no se ve
ni se toca
en lo que no tiene valor si quiera

hubiera dado absolutamente todo lo que tengo
todas estas cosas que he conseguido en la vida
que a decir verdad, ni me llenan
por compartir mi tiempo contigo

si lo piensas bien.. hubiese sido algo sencillo
regalarme una sonrisa
un abrazo de vez en cuando
me hubieras hecho la persona más feliz del mundo
solamente con un mensaje

nunca entenderé por qué las personas complicamos
todo tanto
míranos ahora..
ni siquiera sabemos nada el uno del otro
pero yo aquí sigo:

    pensando en ti todos los días
    echándote de menos todos los días
    con ganas de volver a verte todos los días

índice

Made in the USA
Las Vegas, NV
12 March 2021